La Legge dell'Attrazione

Il segreto della mente per il successo nel business e nella vita

Sommario

IL SEGRETO: COMPRENDERE LA LEGGE 4

IL PENSIERO E LA COMPLESSITÀ 12

LE VIBRAZIONI CHE CI CIRCONDANO 19

IL DESIDERIO SI AVVERA 25

LA PERSONALITÀ PROPRIA: L'EGO 30

LA VISIONE VERSO L'UNIVERSO 36

LE INTENZIONI VOLONTARIE 42

CONDIVIDERE LE INTENZIONI 56

IL GIUSTO EQUILIBRIO 62

IL SABOTAGGIO SULL'INTENZIONE 76

LA CONSAPEVOLEZZA DI AGIRE 81

LO STATO DI UNA PERSONA 89

GLI ERRORI PIÙ FREQUENTI 94

LA GESTIONE DELLE EMOZIONI 101

Il segreto: comprendere la legge

In questo mondo siamo tutti uguali, quello che può capitare a una persona, può tranquillamente capitare ad un altro.

Ogni giorno abbiamo in testa circa 70000 pensieri, che possono essere di vario tipo, fra cui: immediati, intensi o a lunga durata. Insomma, siamo molto più simili di quello che crediamo. Le leggi in questo universo, sono così sofisticate e precise, che se sfruttiamo al meglio e comprendiamo ogni singolo fenomeno, siamo in grado di calcolare e prevedere ogni singolo avvenimento con una precisione eccezionale.

Per fare un esempio banale, basta pensare ad un corpo che sulla terra ha un determinato peso che viene determinato dall'accelerazione gravitazionale e dalla massa.

Conoscendo la massa dello stesso corpo, che resta sempre la stessa e sapendo che sulla luna l'accelerazione gravitazionale ha un determinato valore che conosciamo, possiamo quindi determinare con facilità quale il peso del corpo sulla luna.

Calcoli e conclusioni che sono possono essere verificate, che possono darci la conferma che ciò che abbiamo pensato e calcolato, è effettivamente giusto e veritiero, che diventa quindi una vera e propria legge, come ad esempio, la legge dell'attrazione. Non importa dunque, la condizione di una persona o ovunque essa si trovi, poiché una legge, in questo caso astratta, rimane sempre la stessa e non varia da individuo a individuo.

La legge dell'attrazione, funziona quindi come una sorta di calamita.

Qualunque cosa entra nella nostra vita, siamo noi stessi ad attirarla, proprio come una calamita. Sappiamo che la calamita ha una grandissima forza di attrazione verso quelle che sono le cariche magnetiche opposte, che noi descriviamo come polo positivo e polo negativo; nel nostro caso il polo positivo siamo noi, o meglio, i nostri pensieri che fungono da attrattore, mentre il polo negativo, sono i fatti che vengono attirati da noi. I nostri pensieri, soprattutto quelli più intensi a cui diamo la giustizia importanza, attraggono quelli che sono i fatti concreti, le esperienze su cui stiamo riflettendo.

La calamita è solo un esempio per capire come funziona l'attrazione, ma noi non attraiamo le cose opposte a ciò che stiamo pensando ma esattamente ciò che pensiamo. Dobbiamo quindi focalizzarci sulle cose che realmente desideriamo e capire cosa vogliamo veramente che ci accada, questo ci permetterà e ci aprirà le porte verso la più grande legge dell'universo, ovvero la legge dell'attrazione.

Questo si può sintetizzare in 3 semplici parole: i pensieri, diventano, cose.

I pensieri emanano un segnale elettromagnetico, che attraggono verso di noi il nostro equivalente. Molto spesso le persone continuamente pensano alle cose negative e ciò che non vogliono che accada, la maggior parte delle volte, però, le cose negative a cui pensano, accadono. Tutto dipende quindi dai segnali che noi inviamo all'universo. Se inviamo pensieri negativi, come ad esempio dei debiti che dobbiamo pagare oppure che non riusciamo a trovare l'anima gemella, verremo ripagati con la stessa moneta poiché attiriamo verso di noi ciò che stiamo pensando; mentre se pensiamo a cose positive e a ciò che vogliamo che succeda, ci capiterà indipendentemente dalla situazione.

Se pensiamo, ad esempio, a un determinato oggetto che vogliamo, e ci pensiamo alla massima intensità, l'oggetto in questione prima o poi arriverà da noi, poiché la legge d'attrazione ci darà quello che vogliamo ogni volta e indipendente dalla situazione. Agisce quindi in base ai nostri pensieri.

Prova a pensare, secondo te perché un giocatore di calcio quando ha la giusta motivazione e ha fisso in mente il messaggio "io valgo, ho le capacità e c'è la possi fare", gioca bene e con molta grinta, mentre se un giocatore è insicuro e ha paura di agire, gioca malissimo?

Semplice, la percezione della realtà che abbiamo, è la stessa realtà che ci circonda. La legge d'attrazione, ci dice quindi: "ti darò qualsiasi cosa vorrai se la vuoi veramente, se le dai il giusto peso e se la pensi intensamente". Se ci lamentiamo delle cose negative, esse continueranno a manifestarsi, in continuazione, senza fermarsi più. Siamo noi quindi a decidere il nostro futuro, le situazioni in cui capitiamo, le persone che incontreremo, i guadagni che faremo, i debiti se ne avremo, le gioie della vita e i fatti che ci succederanno. La nostra vita, è quindi la manifestazione materiale e concreta dei noi pensieri astratti.

Il pensiero e la complessità

Spesso si tende a dare per scontato che le persone che hanno poche ambizioni e poca voglia di fare, sono destinate al fallimento. Arrivate ad un certo punto, riescono però a capire a ritroso diverse cose e a riformulare totalmente i propri pensieri e le proprie intenzioni.

Ma la vera domanda è, come ci riescono? O meglio, come si potrebbe incentivare la cosa?

Parte della soluzione si può trovare nel PNL, esso lo possiamo definire come il manuale della nostra mente, in cui sono scritte diverse tecniche per gestire le emozioni o delle azioni a noi spontanee e superficiali.

Ciò che sta alla base di tutto e di cui dobbiamo assolutamente esserne coscienti, è che: capire e conoscere la mente degli altri porta alla manipolazione di essa, vale a dire che grazie alla nostra volontà possiamo far fare tutto ciò che vogliamo alle altre persone.
Bene, ora siamo pronti per scoprire e capire la nostra di mente, capiremo alla perfezione ciò che sbagliamo e ciò che dovremo migliorare; tutto ciò è indispensabile per capire come funziona e come possiamo

interpretare la manipolazione mentale. Per poter capire la nostra mente è necessario partire dal concetto dei pensieri, e quindi, dalla base di tutto. I pensieri sono dotati di frequenza, vale a dire che se noi continuiamo e siamo focalizzati su un unico pensiero, il percorso per poterlo ottenere fisicamente è sempre più breve; quindi quel determinato pensiero pian piano si sta concretizzando, tutto questo è anche guidato dal nostro inconscio, ad esempio se pensiamo sempre ad una macchina nuova, e questo pensiero è sempre costante, siamo propensi a comprare la vettura e quindi ad attuare e concretizzare il nostro pensiero.

Detto questo, si deduce che l'obiettivo viene raggiunto solamente quando è ben formato e lo si vuole veramente. A tutti capita, però, di avere dei dubbi, che potrebbero intralciare i pensieri e quindi a non conseguirne un obiettivo.

I dubbi sono presenti in tutti noi e sostanzialmente sono quelle scintille che ci permettono di andare avanti e di poter crescere mentalmente.

Una regola che tutti dobbiamo sapere è quella di non credere ad una parola che ci viene detta da qualsiasi persona, perché noi dobbiamo credere solamente a ciò che accade su di noi, non dobbiamo smettere di porci dei dubbi su tutto ciò che ci dicono, poiché potrebbe essere falso, ma soprattutto dobbiamo porci il dubbio di ciò che diciamo noi non sia falso, perché la maggior parte dei nostri pensieri non sono nostri.

Difatti, una cosa tra le più difficili da fare per un essere umano è avere un'idea originale, perché tutti i pensieri possono apparire originali e nati da noi stessi, ma ciò non è vero, perché ognuno è condizionato ad esempio durante il periodo scolastico, oppure dal cosiddetto sistema, dalla chiesa, dalle notizie in TV, dagli insegnamenti dei genitori o da vari soggetti che ci circondano.

I nostri pensieri, le nostre emozioni, i nostri comportamenti e le nostre azioni sono condizionati da programmi inseriti e creati non da noi, spesso "chiedersi come fai a saperlo?" A tutte le domande spontanee che ci chiediamo, può aiutarci a superare il nostro ostacolo, o meglio, il nostro dubbio.

Grazie a questa semplice formula, tramite un flashback, ne possiamo trovare l'origine, essa può appartenere ad un genitore, ad esempio, e quindi si rifà riferimento ai pensieri che non sono effettivamente personali. Ognuno di noi ha un sacco di "programmi" installati non da noi ma solamente da coloro che ci hanno insegnato come gestire determinate azioni e pensieri negli anni della nostra vita.

Tutto ciò che pensiamo finisce fuori da noi e tutti questi pensieri hanno la capacità di alterare l'ambiente circostante.

Studiando la cosiddetta fisica quantistica scopriamo che alla fine è una definizione: l'ambiente circostante è solamente un'estensione della nostra mente!

Questo vale a dire che tutto quello che ci è accaduto nella nostra vita l'abbiamo attirato noi, quindi sia il bene che il male e soprattutto tutti gli individui che al giorno d'oggi ci circondano.

Le vibrazioni che ci circondano

Le vibrazioni dei nostri pensieri nell'universo alla fine non fanno altro che attirare altre vibrazioni simili. Bisogna ricordarsi però che la legge dell'attrazione non ha effetto sul pensiero cosciente ma sull'intenzione.

La differenza è che: l'intenzione avviene quando cerchiamo di fare un qualcosa di concreto che magari altera lo stato dell'ambiente circostante, mentre l'intenzione come detto in precedenza, è un qualcosa di astratto che non si concretizza se noi non vogliamo.

In realtà non esiste nulla di materiale, tutte le cose che ci circondano sono solo

vibrazioni. Ciò cosa significa? Significa che tutto ciò che è materia, a partire da noi stessi o come può essere un qualunque oggetto inanimato, all'interno dell'atomo ogni singola microparticella è composto da una energia sotto forma di vibrazione.
Che cos'è una vibrazione quindi?

Si può fare l'esempio della cantante lirica che grazie alle sue vibrazioni può rompere i bicchieri, per spiegare meglio si può comunemente parlare di musica. La musica che tutti noi conosciamo non è altro che un insieme di vibrazioni che, a determinate frequenze, riusciamo a sentire e percepire e

proprio quelle stesse vibrazioni anche se hanno frequenze diverse sono esattamente ciò che emana ogni singolo oggetto intorno a noi, ogni umano e soprattutto ogni pensiero.
Si può quindi parlare di legge d'attrazione anche come legge di risonanza siccome sono due concetti estremamente legati fra di loro.
Le persone per essere attratte devono vibrare alla stessa frequenza, se ciò non avviene pur prolungando il moto esse non ce la faranno mai ad attirarsi.
I pensieri di base emetteranno frequenze diverse che non possono complementarsi, non si è mai vista gente estremamente

motivata e votata al successo piena di amici poco sociali destinati al fallimento, oppure gente iperattiva che passa il proprio tempo con persone apatiche.

Dunque, le persone che hanno frequenze diverse, sommandosi, difficilmente potranno andare d'accordo; che sia una relazione, un team o un ambiente di lavoro. La vibrazione di base è quindi la stessa che noi attiriamo. Due persone con frequenze simili si definiscono "in fase" e la loro somma raddoppia, hanno le stesse idee ed emozioni e quindi il rapporto funziona.

Ma cosa succede se due individui sono l'uno opposto dell'altro? Se una persona pensa positivo e l'altra negativo cosa succede? Se uno pensa bianco e l'altro pensa nero detto in poche parole.

Bene in questo caso le frequenze si annullano completamente, perché se sommiamo due frequenze identiche ma contrapposte il loro risultato è zero e questa è in pratica la legge dell'attrazione al contrario.

Ultimamente questa legge viene usata per curare diverse malattie, ogni cellula ha delle proprie vibrazioni, quindi, anche la cellula cancerogena ha una sua vibrazione e di conseguenza se si bombarda con una con delle vibrazioni in controfase contrastante, essa si annulla e muore. Tutto ciò che noi stiamo attirando fa entrare in risonanza tutte quelle vibrazioni che ognuno di noi ha come fondo e come abbiamo detto in precedenza sono le sono le intenzioni che attirano gli eventi e che quindi hanno un ruolo importante qui.

Non siamo noi che vogliamo attirare quell'incidente ma la parte superiore di noi, quella che sai cosa è meglio per il nostro bene. Tutto ciò che ci accade serve solo per farci capire quanto siamo lontani dal nostro obiettivo, non quello dell'ego ma quello dell'anima.

Il desiderio si avvera

Di solito, le persone comuni quando riscontrano un'attività poco piacevole o magari un po' difficile, si focalizzano su di essa, pensano come risolvere il problema, cosa fare per diminuire i danni e come cercare di focalizzarsi e studiare la fonte del problema.

Quando in realtà non fanno altro che gettare benzina sul fuoco. Facendo ciò infatti, non si risolve il problema, ma li si fa diventare più serio e complicato di quello che è già. Facendo ciò il problema o la difficoltà non si annulla e né di combatte ma si alimenta negativamente quella che è la radice del problema, facendolo diventare sempre più grande, serio e incasinato. Spesso quindi, concentriamo la nostra energia sulle cose che non vogliamo, pensando "non voglio che accada" e facendo ciò pensiamo di riuscire a sorvolare i nostri veri problemi, quando alla fine non è affatto cos'. Non dobbiamo quindi concentrarci sui pensieri negativi, sulle proteste o sulla violenza, ma piuttosto dobbiamo focalizzarci sulle cose positive, su ciò che vogliamo che accada, come spiegato in precedenza, e su ciò desideriamo veramente. Insomma, il concetto è: non siate contro la guerra, la discriminazione e la violenza, ma piuttosto siate a favore della pace e dell'uguaglianza. È ovvio che dobbiamo esprimere e sfogarci su quello che non vogliamo, ma grazie a ciò possiamo invece individuare i lati positivi e focalizzarci su ciò che effettivamente vogliamo dalla vita e dall'universo. Le cose negative, attirano solamente cose negative. Focalizzarsi su un pensiero negativo, incrementa solo quello che è il pensiero negativo.

Più pensiamo che le cose negative siano cattive, più pensiamo che qualcuno dovrebbe fare qualcosa per cambiare la situazione e di conseguenza più alimentiamo quello che è il fuoco della negatività aumentando le possibilità che queste cose accadano nuovamente. Dobbiamo quindi capire come rimanere rilassati in ogni situazione, indipendentemente da quello che succede intorno a noi e da quella che è la situazione negativa o positiva. I fatti si manifestano ovunque dove la nostra mente arriva a pensarci, quindi non ha senso concentrarsi sui fatti negativi, che sfortunatamente, accadono a tutti, ma piuttosto sarebbe meglio concentrarsi su ciò che sono le cose belle e positive che ogni giorno ci circondano. È meglio concentrarsi sulle cose che vogliamo veramente, per averne sempre di più.

Nulla può fermarci, l'immagine, la creatività e il benessere non ha limiti e nessuno in questo mondo è in grado di fermare ciò.

La personalità propria: l'ego

Come elencato nei primi paragrafi, ci sono due differenze principali, quella dell'ego, che è causata da genitori, dalla scuola e dal sistema, mentre quella dell'anima (della personalità) è quella parte che invece vuole imparare e crescere e divertirsi. Quando ci capita qualcosa di negativo è perché non siamo ancora sulla giusta strada e dobbiamo quindi riconoscere ancora una differenza, quella dell'intenzione e del pensiero cosciente, la prima è derivata dalla nostra anima, la seconda dal nostro ego.

L'ego è dato dai condizionamenti esterni, tanto è vero che un bambino appena nasce non possiede l'ego, lo acquisisce crescendo; quindi a uno, due, tre, quattro, cinque anni, perché, in primis, sono i genitori a influenzarlo e a decidere i pensieri per lui e di conseguenza il comportamento.

L'ego risponde a frasi e concetti ai fini a sé stessi come: essere più belli, avere di più, essere migliori, si basa quindi solo sulla competizione.

Tutto ciò è stato ben studiato, specie dagli Americani che decisero di passare da un concetto di bisognsmo ad un concetto di consumismo, differenziando lo stato di vita precedente, basato solamente su ciò che si aveva, ed era necessario una trasformazione radicale, che portò lo stato di vita successivo, tempestato di pubblicità per rendere il ceto medio migliore, quindi tutti quelli che possiedono oggetti di valore sono considerati migliori rispetto a coloro che non hanno nulla; ecco, tutto ciò è la realtà dell'occidente.

È curioso sapere come gli occidentali abbiano una prospettiva diversa dagli orientali, ad esempio in Thailandia la persona più povera indossa un rolex al polso e tutto quello che a noi sembra strano perchè ritenuto troppo eccessivo è in realtà la loro quotidianità, si può dire quindi che in queste determinate regioni, l'ego quasi non esiste. Possiamo dedurre quindi che l'ego è nato dalla società e dal sistema e spesso noi ci identifichiamo in ciò che facciamo, in ciò che abbiamo o addirittura in ciò che mangiamo, ma così non possiamo capire davvero chi siamo realmente. L'anima la potremmo identificare come quella scintilla divina che passa di vita in vita per imparare qualcosa di nuovo, essa generalmente è nata ed è formata dai Karma. Analizziamo però cosa sono i karma: si può capire con una semplice frase: "se sputi in aria, in faccia ti ritorna", quindi alla fine quello che inviamo prima o poi ci ritorna indietro, in bene o in male.

L'anima ha soltanto due obiettivi principali:

- Sapere ciò che abbiamo imparato e quindi conoscere come funziona l'universo e le varie cose che ci circondano.
- Divertirsi. Fare della propria vita un qualcosa di unico e strepitoso.

Ma allora perché ci succedono le cose negative?

Forse perché semplicemente non abbiamo imparato quello che dovevamo imparare.
Bisogna immaginare la nostra vita come un'università dove noi prendiamo un indirizzo e fino a quando non capiamo il problema e non cerchiamo di risolverlo, le cose non cambieranno.
Quando capiremo tutto, quindi quale è effettivamente il problema, come risolverlo e soprattutto quando riusciremo ad accettarlo, allora il cambiamento avverrà veramente.

La visione verso l'universo

Quasi sempre prima di compiere una determinata azione la immaginiamo per poi farla diventare realtà concretizzandola.

Questo significa che quello che possiamo fare con la mente, possiamo tranquillamente farlo anche con il corpo fisicamente. Per fare ciò dobbiamo concentrarci soprattutto su quello che è il risultato finale, dove vogliamo arrivare, perché vogliamo arrivarci.

Un altro fattore fondamentale per mettere in atto la legge dell'attrazione non è solamente il pensiero ma anche la sensazione. Dobbiamo avere quindi la percezione ed essere felici come se l'oggetto o la cosa che vogliamo, c'è l'abbiamo già e siamo a un grado di benessere superiore.

Vuoi una moto nuova, ad esempio; se pensi solamente com'è la moto esteticamente e che "in futuro c'è l'avrò", hai sbagliato completamente strada, poiché non metti in atto il potere della mente, ovvero quella parte della calamita che attrae a sé oggetti.

Devi immaginarti di avercela già, di starci già sopra e di andarci già in giro, insomma, devi immaginarti il futuro come se fosse già concretizzato al presente. Non è importante capire come, ma solamente il cosa, poiché il come lo decide l'universo, che ci sceglierà la strada più breve per raggiungere i propri sogni. Le persone non sempre credono fermamente in questo processo, e pensano "Non succede nulla" e dato che l'universo ascolta ciò che noi diciamo e lo fa diventare realtà, semplicemente non succederà mai nulla.

Dobbiamo quindi capire ciò che vogliamo, credere che accadrà, credere profondamente nei nostri desideri e nella legge dell'attrazione. Quando abbiamo un pensiero ispirato, dobbiamo quindi fidarci di quello che il pensiero ci dice e agire di conseguenza. L'universo ci mostra la strada verso i nostri desideri, ma siamo noi a dover intraprendere quella strada.

Quando invece ci focalizziamo su ciò che non abbiamo, su ciò che ci capita negativamente ne discutiamo con le altre persone l'universo continua a mandarci ciò che chiediamo, ovvero cose negative. Il benessere quotidiano dipende quindi dalla nostra visione psicologica verso l'universo e le cose che ci capitano e ci circondano, è quindi un concetto molto astratto. Quasi sempre ci focalizziamo e diamo la colpa agli altri, come ad esempio: "Io non riesco a lavorare con quello", "Non mi trovo bene a stare con loro", quando in realtà il problema siamo noi. Prima di relazionarci con gli altri, dobbiamo essere in pace con noi stessi, in uno stato di tranquillità e benessere che possa prepararci al mondo esterno.

Nei nostri rapporti con il prossimo, dobbiamo focalizzarci soprattutto sulle qualità che abbiamo davanti e non sui suoi difetti, poiché se ci lamentiamo dei difetti di una persona, l'universo ci ascolterà e ne spunteranno altri e altri ancora.

Non sono quindi le persone che ci circondano a darci la felicità e a decidere

come dobbiamo essere, ma siamo noi stessi
a deciderlo.

Le intenzioni volontarie

Tutto ciò che ci accade nella nostra vita non fa altro che farci capire quanto siamo distanti dalla nostra meta, quando poi riusciamo a capire tutto, allora la legge d'attrazione funziona.

È proprio questo il punto da cui dobbiamo partire, dopo tutto il nostro ragionamento, che comunque implica anche sforzo, avvengono le magie, le magie vere si intende, quelle che fanno avverare tutto all'istante anche se tutto ciò può sembrarci difficile. Per farla funzionare però dobbiamo prima comprendere le nostre reali intenzioni e se ad esempio la nostra probabile reale intenzione di vita è vivere quella di viverla superando i sensi di colpa, si può chiedere ciò che vogliamo perché tutto quello che ci accadrà ci porterà dove vorremmo arrivare.

Un esempio? Se decidessimo di dimagrire di 10 kili e iniziassimo a documentarci inserendo questo obiettivo nella routine giornaliera quindi nel nostro ragionamento costante di tutti i giorni per esempio iniziando una dieta, tutto questo è diretto dall'ego perché ci suggerisce le modalità di desiderio principali al giorno d'oggi, essere più bello e di conseguenza attirare più donne o uomini verso di noi.

Adesso però consideriamo il caso di un individuo che ha già una persona al proprio fianco e che ci tiene alla famiglia.

Se dimagrisse, come abbiamo detto prima, attirerebbe più persone verso di sé ma così facendo perderebbe quello che già ha e per questo motivo decide di non dimagrire.
Si possono contraddistinguere quindi il pensiero e la reale intenzione anche in questo caso: la reale intenzione è dunque quella che poi attuiamo, quindi il fatto che decidiamo di non dimagrire, mentre il pensiero cosciente è quello gestito dall'ego.

Dobbiamo capire cosa è più importante per noi stessi...

È meglio avere soldi oppure stare bene in salute?

Preferite stare bene con voi stessi oppure farlo con gli altri?

Possiamo dire che l'intenzione è quella che invia la vibrazione infuori da noi, ed è sempre quest'ultima che attrae gli eventi del mondo circostante.

Parliamo ora di scienza: che cos'è tecnicamente un'intenzione?

E soprattutto, come si fa a distingue dal pensiero cosciente? Veramente lo sappiamo già, infatti: la prima è ciò che fa capire al nostro corpo cosa è meglio per noi e per distinguerla dal pensiero cosciente c'è l'ego, quindi ciò che ci aiuta ad essere più belli e attraenti ai soli fini personali o per apparire.

Quando abbiamo un'intenzione, nella nostra mente, tutte le tubuline si uniscono e si sovrappongono nello stesso momento tutte insieme e questo accade ogni circa 40 millesimi di secondo nella nostra mente. Ciò significa decine di centinaia di migliaia di volte durante la giornata ma di questo noi non ne siamo ancora coscienti. Quando le tubuline si muovono noi non siamo ancora coscienti per niente di tutto ciò che sta per succedere ma solo dopo 25 millisecondi avviene il "collasso riduzione d'onda" e succede che le tubuline si muovono dalla loro posizione e si sincronizzano in maniera diciamo "coerente".

Prima le tubuline erano posizionate casualmente, poi si muovono con l'intenzione e dopo i 25 millisecondi si levano dalla sovrapposizione e si sincronizzano e proprio in quell'esatto istante, noi siamo coscienti di ciò che vogliamo fare e abbiamo finalmente il pensiero.

Il momento in cui inviamo l'intenzione avviene appunto quando si sovrappongono, quindi proprio nel momento in cui noi siamo coscienti della nostra reale intenzione ed è proprio quello l'attimo in cui la nostra mente invia il messaggio all'universo quantico che non è ancora il pensiero cosciente.

La scienza ha quindi deciso di distinguere l'intenzione dal pensiero cosciente. Tutto quello che ci serve per riuscire ad essere in linea con noi stessi è riuscire a trovare l'equilibrio verticale, quindi un equilibrio presente nelle varie aree della vita che potremmo chiamare i 7 chakra.

Le tecnicha di invio delle intenzioni è mediativa ed è una tecnica di visualizzazione che alla fine è alla base di tutto ciò che comprende l'invio al campo quantico. Su ogni libro possiamo leggere queste 3 parole: Chiedi, Credi e Ricevi.

Come si crea quindi un'intenzione?

Bisogna fissare già un obiettivo iniziale, di solito un'intenzione di gruppo è più forte rispetto ad un'intenzione singola. L'intenzione per essere ben composta deve essere positiva. In che senso positiva? Per positiva si intende che l'intenzione deve essere impostata su su qualcosa che si vuole ottenere e non su un fatto dal quale ci ci vuole allontanare. Se si sa dove si vuole arrivare, c'è un'unica strada! Diverso è se si ha paura di un qualcosa: l'obiettivo è allontanarmi dalla paura temuta?

Così in realtà non si sta cercando di raggiungere nulla, si ci sta semplicemente allontanando dall'obiettivo iniziale.

Quindi quello che vogliamo fare deve essere direzionato verso qualcosa e non lontano da qualcosa.

Dobbiamo ricordarci che l'intenzione non si limiterà ad essere una semplice frase ma diventerà una vera e propria "scena" che dovrà essere il più dettagliata possibile perché se questi dettagli non li aggiungiamo noi lo farà qualcun'altro. Il segreto per rendere ciò possibile è vivere vividamente ciò che si vuole e ciò significa dover immaginare la scena nei minimi particolari sia quelli esterni che quelli interni per poi domandarsi personalmente: che cosa ci diremo quando l'avremo finalmente raggiunto? Quali saranno i giudizi degli altri? Che cosa sentiremo attorno?

Se voglio la pioggia mi immagino l'acqua che bagna la mia pelle e la percepisco, sento la terra bagnata e il suo profumo insieme all'acqua che la bagna. Per viverlo vividamente bisogna paragonarlo a qualcosa ci è già successo o che si immagina ma non si vuole. Se si ha perso ciò che è il nostro obiettivo sicuramente ci sarà una motivazione per cui è successo e se non lo si ha imparato, tornare come prima non ha alcun senso. Non dobbiamo mettere un limite alla nostra provvidenza, perché stiamo limitando il potenziale dell'universo. L'altra parte molto importante è che nella nostra scena essendo che siamo associati ad essa la vediamo con i nostri occhi. Per sentire l'acqua sulla nostra pelle ovviamente dovremo essere all'interno del nostro corpo e quindi vivere la scena in prima persona e non vedere la scena da fuori con noi che stiamo li a guardare. Questa è l'associazione, dobbiamo vedere tutto con i nostri occhi!

Dovremmo vivere quindi con la convinzione che tutto ciò che ci circonda, ci trasmette felicità e soprattutto gioia. Una volta effettuato questo cambiamento, cambierà tutto; il modo di vedere le cose e il mondo.

Se invece quando si raggiungono degli obiettivi su cui abbiamo lavorato parecchio siamo scontenti e decidiamo di andare avanti, allora quello non è stato un vero obiettivo, ma semplicemente un qualcosa dell'ego che si voleva possedere e avere. Questo è ciò che accade nei bambini, il bambino ha come obiettivo l'ottenere. Prende il giocattolo che desidera e per lui è importantissimo, più di ogni altra cosa. Quando glielo compriamo, ci gioca 5 minuti e poi lo lascia nella scatola dei giochi come se non gli importasse più nulla. Se però per sbaglio arriva un fratellino 10 anni dopo e prova a toccargli quel giocattolo non tocca da anni cosa succede?

Si arrabbia perché quel giocattolo è suo e questo comportamento glielo ha insegnato sua mamma.

Altro esempio: quando cresciamo stiamo con la nostra ragazza o il nostro ragazzo, ci lasciamo e stiamo con altre persone. Quando però vediamo quel/la ragazzo/a che sta con un'altra persona ci arrabbiamo perché quella persona è "nostra".

Questa cosa come abbiamo visto ci è stata insegnata quando siamo piccoli. Dunque bisogna fare attenzione sul concetto del possedere.

Gioia e gratitudine sono due sentimenti che fanno da motori per aiutarci a comprendere come essere apposto con quello che realmente vogliamo.

Condividere le intenzioni

Ogni tanto è casuale creare un invio di intenzioni di gruppo, ad esempio via Facebook.

È stato fatto un esercizio di invio dell'intenzione, eseguito da circa diverse migliaia di persone e tre giorni dopo si è avverato.

Si mandano sempre intenzioni positive!

Un'intenzione di massa, quindi un'intenzione collettiva ed è molto più efficiente rispetto ad un'intenzione singola. Si possono provare a inviare intenzioni singole e di massa per poi vedere come accadono. Bisogna ricordarsi che l'equilibrio di cui abbiamo parlato implica anche piacere e denaro, quindi quando si esperimenta l'invio di gruppo, tutti devono essere in equilibrio. Dobbiamo ricordare sempre che tra tutte le fantasie il denaro ha il potere di comandare il nostro chakra di colore giallo, ovvero il nostro potere.

Quando si è a corto di denaro questa situazione può farci star male e anche la paura di perderlo. Se la fantasia ci da gioia e ci fa star bene allora va bene, non è un problema. L'Importante è solo questo, cioè che ci dà quella gioia, tipo una di quelle volte in cui siamo stati veramente felici in vita nostra. Per fare ciò dobbiamo vivere la vita in modo pieno e con molti "dettagli", ascoltando tutto ciò che va ascoltato e sentire tutte le sensazioni ovvero quello che abbiamo dentro, i commenti delle persone che abbiamo attorno.

La espanderemo e dunque la vivremo nel modo più vivo possibile, dopo tutto ciò come si fa coi computer, si crea una specie di zip, e rinchiuderemo tutto quanto in una piramide d'oro che sarà il nostro messaggero.

Chiuderemo tutto in questa piramide che si troverà davanti al nostro terzo occhio e la circonderemo di un'energia arcobaleno.

Ora la terremo nelle nostre mani e le passeremo tutte le emozioni positive come gioia e gratitudine. Man mano che passiamo tutto ciò diventerà sempre più potente e il suo potere aumenterà. A questo punto il nostro messaggio è pronto e ora dovremmo solo immaginare di lasciarla andare. Arriverà così nell'universo quantico dove esploderà come un fuoco d'artificio.

Alcune persone sentiranno persino l'energia che gli scende addosso.

Tutto ciò si può fare per qualunque intenzione si voglia.

Più la praticheremo più diventerà una cosa sempre più veloce, si potranno impiegare anche solo tre minuti prima di andare a dormire. La cosa più importante è quella di immaginarsi la scena nei minimi dettagli tutto il resto è un contorno. Basta solo questo. Capiterà che un giorno magari con i nostri compagni di massa con cui abbiamo mandato l'intenzione ci rincontreremo, ci abbracceremo e ci scambieremo tutte le notizie e quindi l'efficacia dell'esperienza vissuta assieme.

Ricordiamoci che quando si fanno queste intenzioni di massa l'obiettivo è uguale per tutti, cambia solo il modo di viverlo. Quindi le sfere che si trovano a mezz'aria si fermano e avendo le stesse vibrazioni si uniscono tutte insieme, diventando un'unica sfera. Insomma, l'intenzione avverrà, basta solo la fiducia.

Il giusto equilibrio

L'equilibrio verticale ci può aiutare in diverse situazioni a stabilizzare noi stessi, le aree della vita sono 7, per poterle capire meglio occorre una metafora. Immaginiamo che ci siano 7 fuochi davanti a noi e che sono tutti di colori diversi, ognuno può regolare l'intensità della fiamma togliendo un tronco di legno e quindi abbassando la fiamma, oppure aggiungendolo e quindi aumentandola. Questi sette fuochi li possiamo considerare come le sette aree della nostra vita e si possono riepilogare come i 7 chakra. Cominciamo ad immaginare questi fuochi e che alcuni bruciano di più rispetto agli altri. Immaginiamo che ci sia un fuoco di colore rosso che rappresenta il nostro ego e la nostra volontà di possesso del denaro, alla mia voglia di possesso e di spendere, ai miei guadagni, alla paura di perdere quindi a tutto ciò a cui sono collegate diverse emozioni. Questo è l'ego. Ogni giorno noi pensiamo a tutte queste cose, quindi ai nostri desideri dunque a tutto ciò in cui speriamo e che vogliamo, ogni volta che abbiamo un pensiero di questo tipo stiamo buttando sul nostro fuoco rosso dei tronchi di legno.

Abbiamo un secondo fuoco, quello arancione, qui distinguiamo tutto ciò che ci piace, quindi il piacere ed anche il sesso.

Se noi facciamo cose che ci piacciono mettiamo ulteriore fuoco sul fuoco arancio già presente, mentre se facciamo cose che non sono di nostro gradimento togliamo un po' di fiamma... quindi pensiamo a quante attività che facciamo ogni giorno ci piacciono o a quelle che non ci piacciono. Il terzo fuoco è giallo, ed è legato alle emozioni, ed è quello che ci da potere dentro di noi. Se a qualcuno diamo il potere a qualcosa esterno a noi che ci può fare bene o causare del male stiamo togliendo energia dalla nostra fiamma e quindi si abbassa. Se c'è una persona che ad esempio ci indispettisce, che sia un nostro parente o un totale sconosciuto, è lui che ha il pieno controllo sulle nostre emozioni, dunque gli stiamo dando potere. Questi potere, però, non è presente effettivamente dentro di noi, ma al di fuori, e lo stiamo mandando da un'altra parte, quindi, quando il nostro potere diminuisce perché lo diamo agli altri allora significa che quel fuoco giallo prende fiamma. La qualità principale del fuoco giallo, è quindi quella di riuscire a lasciar andare! Possiamo affermare che è questo il vero segreto per la leggendaria eterna giovinezza. Sono stati fatti alcuni studi riguardo gli ultra centenari e questi non avevano alcuna grande capacità.

Ad esempio: C'è una donna che ha vissuto più di tutti in assoluto, in Ucraina, circa 127 anni, ha sempre bevuto bicchieri di vodka ogni giorno e ha sempre fumato, fino alla fine della sua vita. La sua qualità era quella di fregarsene del mondo circostante lasciando scorrere tutto. Il lasciar scivolare il tutto fregandosene degli altri l'ha aiutata, ha assistito alla morte dei suoi figli e nipoti e lei non si è mai preoccupata di nulla! Spesso quando muore una persona piangiamo e possiamo dire di essere costretti a stare male. Tutto ciò che succede è per il nostro bene, bisogna entrare in quest'ottica e quando ci rendiamo conto e comprendiamo questo, riusciamo a farci scivolare tutto addosso, e ci apriamo al capire perché determinate cose ci accadono. Riprendendo, abbiamo parlato del rosso che sottintende il denaro, quindi il nostro Ego; arancio che comprende il sesso e il piacere; giallo è tutto il potere che abbiamo dentro. verde invece è il cuore. Situato tra i peggiori. Il cuore è il cosiddetto amore incondizionato! quello che per noi è impossibile avere, poiché si ama su tutto.

Dovessero mostrarci una scena in cui, magari, qualcuno sta maltrattando un bambino, qual è il nostro primo sentimento che ci viene spontaneo? Cosa vorremmo fare? Fermarlo, proviamo rabbia, dolore. Immaginiamo dunque, tutti i nostri pensieri hanno una vibrazione. Tutto ciò è o scientificamente verificato; proviamo a immaginare che quella determinata persona che sta maltrattando il bambino, è stato a sua volta maltrattato da piccolo, è stato quindi sottoposto a delle vibrazioni che trasmettevamo rabbia e violenza, e di conseguenza, sono le stesse vibrazioni che lui trasmetterà a sua volta. Proviamo a immaginare che tutte queste vibrazioni emesse da singoli soggetti, si manifestano sotto forma di nuvole.

Di conseguenza, sopra la testa dell'individuo di cui abbiamo appena parlato, è presente una grossa nuvola composta principalmente da rabbia, violenza e altra violenza.

Vedendo quella scena così negativa, noi di conseguenza, cosa facciamo? Incrementiamo solamente il tutto!

Insomma, i nostri pensieri negativi che provocano odio, non fanno altro che incrementare quelle nuvole pessimistiche!

Ormai si è abituati a vedere in giro la gente sempre arrabbiata e quando si sveglia la è già e quando va a dormire altrettanto, ma perché?

Questo cosa nutre?

Qualche volta non sappiamo con certezza il motivo per cui tutto è così, ovvero il perché abbiamo avuto un momento negativo. Infatti, questo è l'amore incondizionato. Io amo incondizionatamente! Anche chi fa del male appartiene quindi a questa categoria. Per cercare di aiutare una persona a uscire da quella determinata situazione evitando che si alteri ancora di più inutilmente è semplicemente dandole amore. Insomma, è abbastanza difficile dare amore a una persona che sta maltrattando qualcuno, soprattutto un minore, ma è così che funzionano le cose. Questo è il verde, quindi, ogni volta che cercate di risolvere o di calmare una situazione non proprio piacevole, con la stessa moneta e quindi non con l'amore, state solo togliendo energia da quello che è il proprio fuoco verde!

Abbiamo poi il fuoco azzurro, che tratta di comunicazione, e dei talenti e in particolare quello che abbiamo dentro, in particolare dello sfogo, è quella parte che ci permette di mostrare quello che abbiamo dentro di noi, ne fanno parte anche quegli sfoghi che non riduciamo ad esprimere, quei discorsi che non riusciamo a formulare, insomma, quando non riusciamo ad esprimere le nostre idee e i talenti nascosti che possediamo, ed ogni volta che non riusciamo a fare una di queste cose, stiamo levando energia dal fuoco azzurro. Oltre a questi esiste anche il fuoco viola che è il fuoco dell'intuizione e tutte quelle volte che non seguiamo la nostra intuizione stiamo levando energia a quest'ultimo.

Già conosciamo la distinzione tra Anima e Ego: l'anima è più rapida, questa tecnica si utilizza anche quando dobbiamo scoprire qualcosa su di noi. La prima risposta è quella davvero importante, perché è la più veloce, quella che arriva prima. Tutto il resto sono solo sabotaggi. L'ultimo chakra è quello violetto, anzi ultravioletto. che riguarda la nostra espressione divina la nostra strada e la ricerca della nostra missione ed è collegata con il nostro "Sé superiore" ovvero con quella parte di noi che è divina. Questo è il cosiddetto chakra della corona, da qui si può capire quanto tempo riusciamo a stare in silenzio ogni giorno con noi stessi? "Nel momento in cui riuscirete a stare su una montagna da soli, per un mese, e non impazzirete a sentire la vostra voce, allora sarete pronti a cambiare!"

Questa citazione è per dire che: una delle cose più difficili da fare è proprio questa, stare in silenzio. Una possibile soluzione per scaricare lo stress è la vasca di deprivazione sensoriale che sarebbe una sorta di sarcofago, con una soluzione di plasma alla nostra temperatura, quindi, praticamente si entra dentro nudi, non ci sono suoni, luci e neanche sensazioni per la prima volta in vita nostra! I nostri sensi esterni si interrompono, mentre i nostri sensi interni aumentano amplificandosi e potrebbe arrivare allucinazioni di ogni tipo. Ricordiamoci quindi che il vero segreto per stare bene con noi stessi e allo stesso tempo essere rilassati è l'equilibrio tra tutti!

Il sabotaggio sull'intenzione

Può dunque entrare in scena un sabotaggio? di solito quest'ultimo è uno dei messaggi non desiderati.

normalmente si considera che la cosa sia rispecchiata con la tua parte superiore e si può percepire una sensazione inusuale e neanche egoica, ma è un piacere maggiore rispetto ad una vincita di denaro, perché ritenuto più intenso in quanto colpisce la parte spirituale e sensibile di ognuno di noi. quando si sa qual è il vero momento bello della nostra vita si sa anche quali sono quelle emozioni. se si provano quelle emozioni, si sa che l'obiettivo è dunque in linea allora, magari possono subentrare delle convinzioni, ad esempio pensando di non meritare diverse cose. quelli sono i sabotaggi da ego, un altro esempio può essere quando pensiamo che la nostra via o la nostra strada, non sia giusta e quindi cosa dobbiamo fare? si deve per forza spostare l'obiettivo? oppure si può bypassare? oppure si potrebbe dire che sia un'intenzione che si dovrebbe mandare e capire accettando il fatto che non lo si meriti. tendenzialmente, ognuno di noi ha come obiettivo di lasciare il mondo un pochino migliore rispetto a come l'ha trovato! quindi, se la nostra "intenzione" inconsciamente in tutti noi vuole cambiare il mondo migliorandolo, facendo così essa è coerente e parallela alla nostra anima. per poter cambiare il mondo attuale le nostre intenzioni hanno diversi punti di vita, come: educare i bambini, essere presenti per il prossimo o non trattare gli animali come oggetti. potremmo anche pensare di immedesimarci in attori, per poter trasmettere emozioni. questo è molto diverso dal fare l'attore per mestiere, in quanto in questo caso il motivo è solamente fare denaro, utile solo alle spese condotte per la vita da benestanti. se fossimo attori potremmo utilizzare i nostri ideali per trasmettere emozioni e far ragionare il pubblico. di solito se dentro ad ogni minima intenzione che abbiamo, è presente un determinato fine, che sia per qualcosa o per qualcuno non importa, allora capiamo che è tutto ciò che si desidera davvero e che quindi l'intenzione è reale. se essa deriva solo dall'ego non è escluso che non la riceviamo, infatti si differenzia il fatto di chiedere una determinata cosa, che sia lussuosa o meno, per volere personale al fatto di volerla per dimostrare al mondo triste che tutti noi possiamo ottenere ciò che si vuole, e questo può diventare un'icona per smuovere le altre persone a compiere le stesse mosse e quindi successivamente a poter stare anche bene.

l'obiettivo richiesto è lo stesso, ma l'utilizzo per cui lo si chiede è diverso. bisogna ricordare che il denaro non è mai un obiettivo, ma è sempre un mezzo. dobbiamo sempre pensare al denaro come ciò che poi sarà il nostro obiettivo da ottenere. si può pensare anche ad un qualcosa di più ampio, come ad esempio una guarigione, e ciò è stato testato, dopo un'intenzione di guarigione verso un parente una serata si è attuata ed è guarito.

La consapevolezza di agire

Essere consapevoli significa avere la conferma e la conoscenza nel voler fare una determinata azione. È stato scientificamente provato che i pensieri positivi sono 100 volte più potenti dei pensieri negativi e quindi possiamo sfruttare questa cosa al meglio. Siamo quindi consapevoli che i pensieri positivi prima o poi si avverano; ovviamente nulla si concretizza istantaneamente. Dobbiamo essere consapevoli che qualunque cosa, qualunque fatto che ci è capitato nel corso della nostra vita, lo abbiamo attratto a noi con la nostra mentalità e i nostri pensieri. Praticamente qualunque cosa state e avete pensato oggi, ha costruito il vostro futuro. Basterebbe solamente cambiare atteggiamento per riuscire a riscontrare un esito positivo della vita. Basta pensare a quelle giornate "no", a quelle giornate quando pensiamo che il mondo sia contro di noi e che capitano tutte a noi, ma perché tutto ciò accade? Semplicemente perché ci concentriamo a pensare che la nostra vita faccia schifo e che capitano tutte a noi e che abbiamo quindi un pensiero costante, un pensiero fisso che non riusciamo a toglierci dalla testa e per causa della legge dell'attrazione, questo pensiero negativo si concretizza e si verifica costantemente durante l'arco della giornata, fino al momento in cui decidiamo di cambiare mentalità e di guardare il tutto con occhi diversi.

Questo non significa che non avremo dei contrattempi oppure dei fatti poco piacevoli, ma dobbiamo solamente ignorarli perché sono come una "verifica" che ci viene imposta per vedere se siamo effettivamente positivi e guardiamo le cose a testa alta oppure se facciamo finta e in realtà le cose sono un disastro. Quando ci sentiamo bene, inviamo una sorta di segnale all'universo che ci invierà a sua volta altro benessere che renderà la nostra vita migliore. Non è facile da capire questo concetto poiché questo concetto è il segreto, ovvero è la chiave che ci apre le porte della felicità, della vitalità, verso un universo migliore.

Dobbiamo avere la consapevolezza delle fasi che costituiscono la legge dell'attrazione, che sono:

- La richiesta: dove pensiamo intensamente a ciò che vogliamo davvero dalla vita. Ma non è un semplice "mi piacerebbe" ma un vero e proprio "voglio, desidero".

- Credere: dove dobbiamo credere che quello che desideriamo, già li possediamo. Dove dobbiamo credere in ciò che pensiamo. Dove dobbiamo credere e avere fede che quello che pensiamo succederà. Basta guardare a tutte le persone di successo che sono arrivate a tale punto non sapendo come arrivarci, ma avendo la convinzione di poterci arrivare. È il penultimo passo prima di raggiungere al step finale, una volta che siamo felici e crediamo di avere già quello che desideriamo, da un momento all'altro, quello che abbiamo sempre voluto, si avvererà. Ovviamente non serve a nulla scrivere su mille muri o su mille biglietti di carta ciò che desideriamo dall'universo se non ci crediamo veramente in questo miracolo.

- Ricevere: ovvero l'ultimo step di questo percorso. Per ricevere dobbiamo essere felici, raggiungere la soglia di felicità e benessere che ci possa mettere alla stessa frequenza dell'universo per finalizzare la legge. Dobbiamo sentirlo davvero, nulla si manifesta se lo vogliamo soli a livello intellettuale e non a livello emotivo.

Spesso le persone tendono, col passare del tempo a non credere più nella legge dell'attrazione e rimangono deluse dal fatto che il tempo passa e non accade nulla. Non è affatto così che dobbiamo reagire noi, anzi, dobbiamo credere fino alla fine, che prima i poi, il tutto si avvera.

Non è possibile stabilire quando un desiderio si avvererà, potrebbero volerci giorni, come ore, come mesi; dipende tutto da quanto la persona è sintonizzata con l'universo circostante. Ricorda, non devi mai rimandare le possibili strade verso ciò che desideri, quando devi fare qualcosa di nuovo, ti senti pronto di farlo, non pensarci due volte e fallo.

Lo stato di una persona

Le persone non sempre sono di buon umore e tutti nella vita dobbiamo superare momenti belli e momenti difficili, ma ciò fa parte della vita di tutti i giorni. Per affrontare queste situazioni, lo strumento migliore è il pensiero. Grazie ai pensieri, possiamo scegliere come interpretare e come reagire in determinate situazioni e quindi come uscirne al meglio. La parte psicologica è quindi un fattore fondamentale che determina come una determinata situazione si svolgerà. Le persone che si focalizzano spesso sulla convinzione di poter risolvere il problema che si presenta, riescono sempre a uscirne vittoriosi da quelle determinate situazioni che possono creare disagio e sconforto. Mentre le persone che pensano solamente al lato negativo delle cose e all'insicurezza che continua ad espandersi nella situazione circostante, non riescono mai a concludere nulla, si trovano spesso in imbarazzo e si sottovalutano continuamente, dando vittoria e facendosi sottomettere dalla situazione difficile che si è creata. Insomma, l'universo ascolta, realizza e concretizza quelli che sono i nostri pensieri durante le situazioni piacevoli e non piacevoli. Questa cosa può accadere anche in situazioni più serie e complesse, come ad esempio quando si verifica una malattia a livello fisico. Infatti le persone che presentano una malattia e si focalizzano su quella e sul dolore, essa si verificherà in continuazione senza fermarsi più. Invece chi pensa alle riflessioni positive e non si focalizza su quella che è la malattia e i dolori provocata da essa, vive la vita in un modo completamente diverso, guardando alle cose negative come delle cose superflue che gli permetterà di aprire le porte verso nuovi orizzonti e guarire quelle che sono le situazioni spiacevoli. I pensieri negativi provocano solamente stress che va ad alterare quelle che sono le funzioni fisiche e psicologiche del nostro corpo, conducendolo verso un malfunzionamento, possiamo quindi, grazie ai pensieri positivi, guarire noi stessi da dolori e malattie. Il pensiero e tutta la parte psicologica, giocano quindi un ruolo fondamentale nella nostra vita, poiché sono in grado di decidere come quest'ultima deve proseguire, come affrontare determinate situazioni ed eventuali malesseri fisici e non solo. Non dobbiamo quindi imporre al corpo stress e altri pensieri negativi, poiché facendo ciò blocchiamo solo quello che è il buon funzionamento naturale del corpo e delle cellule, facendolo reagire negativamente e bloccando le cure naturali.

Spesso le persone diventano ciò che pensano di essere, non sono solo gli obiettivi a realizzarsi ma può cambiare anche lo stato fisico o psicologico del nostro corpo a seconda di come ce lo immaginiamo e come vogliamo che sia.

Gli errori più frequenti

La legge dell'attrazione può essere applicata sempre, 24 ore su 24, 7 giorni su 7; non ci sono limiti e possiamo usufruire di essa quando e come vogliamo. È universale, tutti la possono utilizzare una volta che hanno capito come funziona, non ci sono limiti o numeri di volte che si può usare. Si può utilizzare all'infinito, in qualunque momento, in qualunque luogo. Come detto in precedenza, noi attiriamo a noi ciò che è simile e ha gli stessi interessi nostri nelle vicinanze, attiriamo delle situazioni che sono simili ai nostri pensieri. È come quando ci focalizziamo su pensieri negativi, la leggenda dell'attrazione e l'universo ci ascolteranno, inviando a noi solamente cose negative. Ovviamente noi possiamo andare a correggere e sistemare quelle che sono le situazioni negative e poco piacevoli, siccome siamo noi a controllare i nostri pensieri e il nostro corpo e non gli altri oppure gli avvenimenti intorno a noi. Siamo noi stessi a controllare la situazione attraverso i nostri pensieri. Come? Semplicemente spostando il nostro focus mentale su un qualcosa di diverso che non sia negativo. Tutto ciò non è sempre così scontato e facile, soprattutto quando ci succede una cosa parecchio negativa che ci butta giù emotivamente in modo molto pesante. Se però continuiamo a focalizzarci sul problema, non riusciamo più a vedere quella che è la possibile soluzione al problema. I continui focus negativi, sono come un muro, un ostacolo, verso quella che è la chiave del risollevamento positivo. Come spiegato in precedenza, per applicare la legge dell'attrazione è necessario prima capire come si applica e quali sono i 3 step fondamentali per farlo (chiedere, credere, ricevere); ma una volta che diventerà un'abitudine, ovvero una cosa quotidiana l'utilizzo della legge dell'attrazione, queste tre fasi ci sembreranno più semplici, come se in realtà è una sola fase che comprende tutte e tre. Per far questo cambiamento, dobbiamo però sapere all 100% quello che effettivamente vogliamo e desideriamo, infatti non possiamo chiedere un qualcosa che non sappiamo neanche cos'è. Dobbiamo quindi dare alla mente un'immagine chiara di quello che desideriamo, qualunque cosa essa sia. Uno dei pensieri che spesso le persone difficilmente hanno è quello che i propri obiettivi e pensieri vengano realizzati e concretizzati verificando così la legge dell'attrazione. "No ma ci vuole troppo tempo", "No ma è tutta una finta", sono pensieri costanti di chi effettivamente non crede nella legge dell'attrazione e nei segreti che essa racchiude. Insomma, se tu non credi, non potrai mai ricevere. Quasi tutti sbagliano nell'applicare la legge poiché in pochi credono realmente con costanza. Infatti spesso si tende a credere per troppo poco tempo, e quindi questa fede non è necessaria a far sì che possiamo inviare determinate vibrazioni all'universo, così che esso ci possa ascoltare. L'unico modo per far arrivare delle determinate informazioni nel nostro inconscio è quello di ripeterlo molte volte, con costanza e sempre con la stessa fede; e se ciò non accade, il nostro lavoro non funge e di conseguenza i risultati non arriveranno mai e poi mai. Lavorare sui paradigmi non è così semplice ed immediato e ci vuole tempo e pazienza per poter capire la struttura di un determinato fatto. Ovviamente ci vuole tempo prima che un desiderio si realizzi, e bisogna aspettare un determinato arco di tempo prima che i nostri pensieri diventino realtà, ed è proprio in questo arco di tempo che dobbiamo credere sempre di più nella legge dell'attrazione. Credere di essere già felici, di avere già quello che desideriamo. La maggior parte delle persone partono quindi con ottimi propositi, ma però vanno successivamente a perdersi per strada. E noi dobbiamo stare attenti proprio a questo fattore, che è quello che spesso ci ostacola nel compimento della legge. Insomma, è molto importante investire in noi stessi, però se non sappiamo come farlo, tutto ciò non ha senso, ed è per questo che ti abbiamo elencato gli errori più frequenti che vengono fatti quando le persone iniziano a capire ed applicare la legge dell'attrazione, o meglio, il segreto.

La gestione delle emozioni

La legge dell'attrazione è quindi una legge che si basa strettamente sul credere e di conseguenza soprattutto sulla parte psicologica. Ovviamente è anche un fattore fisico dato che ciò che pensiamo si concretizza, ma è soprattutto un fattore psicologico, come ad esempio le emozioni. Le emozioni sono quindi la manifestazione psicologica di quella che è la nostra situazione in un determinato momento. Le emozioni spesso sono in grado di controllarci, soprattutto quando le emozioni positive prevalgono su quelle negative, poiché grazie ad esse, possiamo combattere quelli che sono i momenti difficili. Il nostro pensiero viene molto influenzato dalle nostre emozioni e di conseguenza il nostro stato d'animo rispecchia quelle che sono le nostre emozioni in un determinato periodo. Il segreto o legge dell'attrazione, ci permette di gestire al meglio quelle che sono le nostre emozioni e i nostri pensieri rispetto la vita e le situazioni che ci circondano. Questo si manifesta soprattutto quando ci focalizziamo su un pensiero in particolare, con lo scopo di raggiungerlo. Quando invece viviamo delle emozioni negative, focalizziamo i nostri pensieri su un qualcosa che non vogliamo. Le emozioni negative sono praticamente quegli ostacoli che troviamo quando stiamo facendo il nostro percorso in cui stiamo applicando la legge dell'attrazione. Più che degli ostacoli sono dei "contrattempi" indesiderati, a tutti capita di avere momenti non proprio bellissimi, ma questo può servire molto per rialzarci, anche se non sempre facile, e continuare a credere profondamente nei nostri pensieri e nei nostri desideri. Un rimedio a ciò è il pensiero della gratitudine, che ci può aiutare a distogliere un po' la mente da quelli che sono i pensieri negativi, i pensieri che ci fanno stare male. Essere grati significa essere felici con quello che si ha, significa trarre un qualcosa di positivo da qualunque cosa ci circondi. Provare gratitudine significo quindi ringraziare quella forza superiore a cui si crede, ovvero l'universo, poiché noi per applicare la legge dell'attrazione ci affidiamo e crediamo all'universo. L'importante è essere grati e ringraziare per le code che già possediamo come ad esempio, i rapporti con le altre persone, la salute oppure cose a cui teniamo parecchio. Esprimere gratitudine è una cosa naturale e spesso può sembrare una cavolata, ma non è affatto così, infatti, è un fattore fondamentale quando vogliamo applicare quella che è la legge dell'attrazione, insomma, se tu dai amore e positività, l'universo ti ascolterà e di conseguenza ti invierà quelle stesse vibrazioni che tu invii, quindi riceverai a tua volta amore e positività. Possiamo esprimere gratitudine sempre, oppure decidere determinati parti della giornata per farlo, come ad esempio prima di andare a dormire, oppure mentre si sta mangiando. Dipende tutto dalle preferenze personali della persona. C'è chi, ad esempio, preferisce essere grato all'universo meditando su quelli che sono i pensieri positivi. Tutti questi sono dei fattori fondamentali per comprendere come interpretare ed adoperare al meglio quello che è il segreto, ovvero la chiave della felicità e soprattutto della vita. Insomma, la regola è una sola, ovvero: chi conosce il segreto, può ottenere tutto dalla vita: felicità, ricchezza e tutto ciò che si vuole. L'importante è divertirsi con la propria vita, scoprire nuove cose, nuovi orizzonti e nuove cose che possano meravigliarci. Ognuno di noi è straordinario, unico, ognuno di noi merita il meglio, ed è per questo che vogliamo condividere con te questo segreto, così che potrai vivere al meglio la tua vita e il modo di vedere le cose. Il credere è alla base di tutti i concetti, se non c'è il credere, non ci sarà mai una legge o un segreto. Se vogliamo dare una svolta alla nostra vita, dobbiamo essere pronti a credere, con costanza, con passione e soprattutto con fede. Il punto non è chi siamo o cosa sappiamo fare, il punto è cosa saremo, chi diventeremo. Dobbiamo essere capaci di esprimere quali sono i nostri talenti, le nostre potenzialità e i nostri lati positivi. Che solo facendo ciò saremo in grado di aprire le porte verso il successo e verso la vera felicità; solo facendo ciò saremo degni e soprattutto in grado di applicare il segreto. C'è una citazione abbastanza famosa che dice: quando desideri qualcosa veramente, tutto l'universo cospira affinché tu possa realizzare questo desiderio". Una frase molto semplice che riassume tutti quelli che sono gli argomenti che abbiamo trattato finora, dai pensieri alle vibrazioni, dalla richiesta al ricevere. Questo argomento è molto vasto e possiamo applicarlo non solo nella vita di tutti i giorni, ma anche nella vita lavorativa, nel marketing e in tutto ciò che desideriamo. È soprattutto un concetto di autoconsapevolezza, dove siamo noi che decidiamo anche se non direttamente se applicarla o no questa legge. Detto ciò, siamo noi stessi a intraprendere la strada che più sembra adatta, quella del segreto è solamente una delle tante vie che possiamo intraprendere.

www.ingramcontent.com/pod-product-compliance
Lightning Source LLC
Chambersburg PA
CBHW021836170526
45157CB00007B/2818